HISTOIRE
DE
NAPOLÉON.

HISTOIRE

DE

NAPOLÉON Iᵉʳ

Nᵒ 1. — SIÈGE DE TOULON.

15 août 1769. — Naissance de Napoléon-Bonaparte. — Il avait cinq ans lorsque l'archidiacre d'Ajaccio, Lucien-Bonaparte, à son lit de mort, prophétisa que le petit Napoléon serait le chef de la famille. — 23 avril 1779, Bonaparte entre à l'Ecole de Brienne; le 17 octobre 1784, il passe à l'Ecole Militaire de Paris. — 1ᵉʳ septembre 1785, lieutenant en second au régiment d'artillerie de La Fère. — 19 octobre 1792, chef de bataillon; il combat en Corse contre le parti anglais. — 7 mars 1793, Bonaparte rompt avec son ami Paoli qui se révolte contre la France. — Juin 1793, Bonaparte abandonne la Corse avec toute sa famille; sa maison est brûlée par les insurgés. — 12 septembre 1793, Bonaparte arrive au quartier-général de l'armée française devant Toulon. Au mois de novembre, le général Dugommier le nomme commandant en chef de l'artillerie. Bonaparte fait adopter son plan d'attaque. Il fait prisonnier le général anglais O'Hara, gouverneur de Toulon, et s'empare du fort Mulgrave. — 20 décembre 1793, capitulation de Toulon. Bonaparte est chargé du commandement de l'artillerie de l'armée d'Italie. — Le 6 février 1794, il est nommé général de brigade.

N° **2**. — 13 VENDÉMIAIRE.

Bonaparte venait d'être appelé au commandement en second de l'armée de l'Intérieur, lorsque le 13 vendémiaire éclata. Les sections soulevées marchèrent contre la Convention que le général Menou protégeait mal. Barras, que la Convention avait placé à la tête des forces militaires de la République, confia son pouvoir au général Bonaparte, qui répondit à ce haut témoignage d'estime, en écrasant l'insurrection sur les marches de l'église Saint-Roch, où ses savantes manœuvres l'avaient acculée. Cette journée lui valut le grade de général de division. — Le 23 février 1796, il est appelé au commandement en chef de l'armée d'Italie. Le 9 mars, il épouse Joséphine Tascher de La Pagerie, veuve du général Beauharnais, mort sur l'échafaud, sous le régime de la Terreur. — Quinze jours après, il arrive à son quartier-général à Nice.

1ʳᵉ **Campagne d'Italie.**

N° **3.** — BATAILLE D'ARCOLE.

Le 10 avril 1796, Bonaparte commença les hostilités. C'est alors que s'ouvre cette série prodigieuse de victoires et de combats qui vengèrent nos armes un instant arrêtées; le génie du grand capitaine éclate, et, dès les premiers coups, on peut reconnaître l'homme prédestiné qui vaincra deux empereurs à Austerlitz... En moins d'une année, il culbute cinq armées que lui opposent la Sardaigne et l'Autriche. Partout il est vainqueur : à Montenotte, à Millésimo, à Mondovi, à Lodi, à Castiglione. Il occupe Milan, Vérone, etc. A Arcole, les Autrichiens perdent 10,000 tués, blessés ou prisonniers, 4 drapeaux, 18 canons. Comme les troupes lancées sur le pont d'Arcole pliaient sous le feu meurtrier des Autrichiens, Bonaparte saute à bas de son cheval, saisit un drapeau, et s'élance à la tête de la colonne en s'écriant : « N'êtes-

vous plus les soldats de Montenotte et de Lodi ! » Ces paroles électri-
sent les troupes ; l'ennemi est débusqué, le pont est franchi et la victoire reste aux Français, grâce à l'héroïsme et aux savantes manœuvres
de Bonaparte qui, après trois jours de combat, avait défait complète-
ment, avec 3,000 hommes, deux divisions autrichiennes.

N° 4. — BONAPARTE REMET AU DIRECTOIRE

LE TRAITÉ DE CAMPO-FORMIO.

La bataille d'Arcole, suivie de dix combats, décida de la reddition de Mantoue. L'empereur d'Autriche, dont les dernières troupes
disponibles venaient d'être taillées en pièces, se décida à traiter de la
paix. Le 17 octobre 1797, fut signé le traité de Campo-Formio qui garantissait à la France la possession de la Belgique et de la Lombardie.
Bonaparte vint en personne apporter au Directoire le traité de Campo-
Formio ; il était accompagné de Joubert, portant le drapeau de l'armée
d'Italie, monument glorieux où étaient inscrits tous les faits d'armes qui
avaient illustré cette armée et son général. Le 10 décembre, il remit
aux chefs de la République, au milieu d'une fête brillante et en présence des représentants de presque toute l'Europe, le traité qu'il venait
de conclure. Cette cérémonie électrisa tous les cœurs, et l'enthousiasme
qu'elle produisit excita les alarmes du Directoire. On proposa, au général Bonaparte, le commandement d'une expédition en Egypte : Cette
proposition plut à son génie aventureux, et il l'accepta.

Campagne d'Égypte.

N° 5. — BATAILLE DES PYRAMIDES.

Bonaparte était rentré dans Paris le 5 décembre, couvert de
gloire, et, le 19 mai 1798, il partait de Toulon avec une flotte de
400 voiles, qui portait aussi Kléber, Desaix, Murat, Marmont, Junot,
Berthier, et la meilleure phalange de l'armée d'Italie. En passant devant

Malte, il étendit la main et prit l'île des Chevaliers, et, le 1er juillet, il emporta Alexandrie d'assaut. — Bonaparte vient de toucher du pied le sol de l'Orient, et son génie s'inspire des souvenirs héroïques du monde ancien ; il passe comme la foudre, renverse tout ce qui lui résiste, soumet le Caire, bat les Arabes à Ramanieh et livre, le 21 juillet 1798, la bataille des Pyramides. Saisi d'un noble enthousiasme à l'aspect de ces immenses tombeaux des Pharaons qui avaient survécu à l'empire des Egyptiens, il s'écria, en les montrant à son armée : « Soldats ! songez que du haut de ces monuments, quarante siècles vous contemplent ! » Embabé fut enlevé à la baïonnette, et ce combat coûta aux Egyptiens 3,000 mamelucks, 40 pièces de canon, 400 chameaux et tous les trésors. Après avoir gagné les batailles de Monthabor et d'Aboukir, Bonaparte laisse le commandement de l'armée au général Kléber, et s'embarque pour la France.

Nº 6. — 18 BRUMAIRE.

Les destinées de Bonaparte le rappelaient en France ; le gouvernement n'avait plus d'autorité, l'anarchie désolait le pays, le despotisme sanglant de la Convention était remplacé par l'incurie et la corruption, les factions se disputaient le pouvoir, et la France, lasse de révolutions, attendait un guide et demandait un chef. Ce guide et ce chef débarquèrent à Fréjus, le 9 octobre 1799, et, dès le 24, il était à Paris. Le 18 brumaire (9 novembre 1799), Bonaparte, maître de l'armée, dispersa le Conseil des Cinq-Cents réuni à Saint-Cloud, et remplaça le Directoire par le Consulat. La faible résistance du Conseil des Cinq-Cents se tut devant les baïonnettes. Murat, à la tête des grenadiers, les somma de se retirer. Bonaparte, que quelques cris « hors la loi ! à bas le dictateur ! à bas le nouveau Cromwell ! » avaient d'abord fait un peu hésiter, fut proclamé consul avec Sièyes et Roger-Ducos qui, bientôt, furent remplacés par Lebrun et Cambacérès. — L'ordre se rétablit de toutes parts, les proscrits sont rappelés, les autels sont relevés, et la

France, sous la main de l'homme extraordinaire qui la gouvernait, commençait à jouir de l'ère de prospérité dans laquelle elle entrait, quand, à l'instigation de l'Angleterre, la paix continentale fut rompue.

2ᵉ Campagne d'Italie.

Nᵒ 6. — PASSAGE DU MONT SAINT-BERNARD.

A la voix du Premier Consul, une armée de 40,000 hommes se forme comme par enchantement, se dirige sur Dijon, et détourne ainsi l'attention portée sur le Var qui, étant menacé d'une invasion de 150,000 hommes, n'avait à opposer que 25,000 hommes sous les ordres de Masséna. — Le détroit de la Suisse, entre le Rhône et le Rhin, renferme tout le mystère de la campagne qui va s'ouvrir. De Paris, le Premier Consul transmet tous les ordres, et c'est par suite de ces mesures que ses différents généraux triomphent de l'ennemi. Bonaparte va porter la guerre sur le Pô, entre Milan, Gênes et Turin. Il franchit le mont Saint-Bernard, à travers mille obstacles, et après trois jours d'une marche aussi pénible que dangereuse, accomplie avec l'entrain et la gaîté qui distinguent le soldat français, l'armée, qui avait renouvelé, sous Bonaparte, le prodige réalisé jadis par les Carthaginois, sous la conduite d'Annibal, enlève la ville d'Aoste, culbute les troupes du général Mélas, s'ouvre, par une suite de triomphes éclatants, les plaines du Piémont, et gagne, le 14 juin 1800, la bataille de Marengo, ce qui force l'Autriche épuisée à signer le traité de Lunéville, le 9 février 1801. L'Angleterre, à son tour, signe, le 25 mars 1802, la paix d'Amiens qui garantissait à la France les limites du Rhin.

Nᵒ 8. — LE SÉNAT PROCLAME NAPOLÉON EMPEREUR.

L'enthousiasme de la nation pour le grand capitaine qui l'avait sauvée de l'anarchie, et qui portait si haut la gloire de la France, éleva le Consul à l'empire.

Ce fut dans ces circonstances que le Sénat fit parvenir à Bonaparte une adresse qui se terminait ainsi :

« Dans les villes, dans les campagnes, si vous interrogiez **tous** les « Français l'un après l'autre, il n'y en a aucun qui ne vous dît, ainsi « que nous : « Grand homme, achevez votre ouvrage en le rendant « immortel comme votre gloire. Vous nous avez tirés du chaos passé, « vous nous faites bénir les bienfaits du présent, garantissez-nous l'a-« venir. » Le 18 mai 1804, un sénatus-consulte organique déclara Napoléon empereur des Français, et lui déféra la dignité impériale héréditaire. Ce sénatus-consulte fut sanctionné par 3,572,329 voix contre 2,569 opposants.

N° 9. — DISTRIBUTION DES AIGLES

AU CAMP DE BOULOGNE.

Le 15 août 1804, anniversaire de la naissance de l'Empereur, avait été fixé pour une grande distribution d'aigles et de croix de la Légion-d'Honneur, institution créée le 19 mars 1802. Un grand nombre de fonctionnaires civils avaient été invités à se rendre pour cet objet à Boulogne, où était campée une grande armée destinée à envahir l'Angleterre. Napoléon, considérant la Légion-d'Honneur comme une des institutions qui devaient consolider le trône impérial, voulut donner à cette solennité tout l'appareil dont les lieux, le temps et les circonstances étaient susceptibles. L'Empereur prononça de son trône, debout, la formule du serment que devaient prêter les membres de la Légion. Ceux-ci s'écrièrent unanimement : « Nous le jurons ! » et, par un mouvement spontané, toute l'armée répéta ce serment de fidélité et de dévoûment. Les cris de : « Vive l'Empereur Napoléon ! » retentirent dans tous les rangs. Ce fut au milieu de l'explosion de l'enthousiasme universel que les soldats et les officiers s'approchèrent successivement du trône et reçurent des mains de Napoléon la décoration de la Légion-d'Honneur et les aigles qui devaient triompher à Austerlitz, à Friedland, à Eckmülh, à Wagram, à La Moskowa, à Lutzen, à Bautzen, à Brienne, à Champ-Aubert, etc.

N° 10. — COURONNEMENT DE NAPOLÉON.

Napoléon fut sacré par le vénérable Pie VII, le 2 décembre 1804. Le pape, l'Empereur et l'Impératrice, accompagnés d'un cortège imposant, se rendirent, à travers un concours immense de spectateurs, à l'église métropolitaine de Notre-Dame. Pie VII officia pontificalement, avec toute la pompe de l'église romaine. Napoléon et Joséphine furent oints de l'huile sainte, sur le front et sur les mains. Dès que le pape eut béni les deux couronnes, Napoléon saisissant brusquement celle qui lui était destinée, se la plaça lui-même sur la tête, comme pour donner à entendre qu'il ne la tenait que de Dieu et de son épée. Il prit ensuite l'autre couronne et la posa sur le front de l'Impératrice qui était restée à genoux au pied de l'autel. Lorsque l'office divin fut terminé, l'Empereur assis, la couronne sur la tête et la main sur le livre des Evangiles, prononça de nouveau le serment qu'il avait déjà prêté en recevant l'acte constitutionnel de l'Empire.

3ᵉ Coalition. — Campagne d'Allemagne.

N° 11. — BATAILLE D'AUSTERLITZ.

Tout était prêt pour l'invasion de l'Angleterre lorsque le cabinet de Saint-James réussit, le 3 avril 1805, à entraîner la Russie dans une troisième coalition contre la France.

L'Empereur était alors en Italie, où il ceignait la couronne de fer. Le 9 août, les Autrichiens accèdent au traité conclu entre l'Angleterre et la Russie, et, dès le 21, l'armée s'ébranle de Boulogne pour fondre sur l'Allemagne où une suite non interrompue de victoires la conduisent à Austerlitz, la dernière et la plus terrible bataille de cette campagne de deux mois dont le traité de Presbourg sanctionna tous les résultats.

Le 2 décembre 1805, à Austerlitz, village de la Moravie, se donne la bataille des Trois Empereurs. Les Russes et les Autrichiens ont 100,000 hommes sur le terrain, les Français 90,000. La force de l'artillerie est égale des deux côtés ; la supériorité numérique de la cavalerie est pour l'armée austro-russe. Celle-ci, malgré l'avantage du nombre, est frappée de terreur ; elle voudrait attendre une autre armée russe, mais elle a affaire à un ennemi qui sait son secret, et qui la force à un engagement général. Le jour est levé avec la bataille et la nuit la termine. L'armée russe est foudroyée sur un lac de glace. Soult décide du sort de cette grande journée, où combat l'élite de nos généraux : Lannes, Bernadotte, Davoust, Murat, Oudinot, Rapp, etc.

N° 12. — L'EMPEREUR D'AUTRICHE

AU BIVOUAC DE NAPOLÉON.

La victoire d'Austerlitz eut d'immenses résultats. Les Russes perdirent 45,000 hommes, tués, blessés ou prisonniers. On prit 200 canons, 400 voitures d'artillerie, tous les équipages et 45 drapeaux. Deux jours après la bataille, l'Empereur d'Autriche vint saluer le vainqueur à son bivouac. Napoléon lui dit en l'accueillant : « Je vous reçois dans le seul palais que j'habite depuis deux mois. — Vous tirez si bien parti de cette habitation, reprit François II, qu'elle doit vous plaire. »

Le 15 décembre, Napoléon cède le Hanôvre à la Prusse et se fait donner en échange le pays d'Anspach, Clèves, le duché de Berg, dont il dote Murat, et la principauté de Neufchâtel, qu'il donne à Berthier. Le 26, un traité signé à Presbourg reconnaît Napoléon roi d'Italie, et unit à ce royaume la Dalmatie, Venise et l'Albanie, et, le 27, l'Empereur proclame son frère Joseph roi de Naples, marie le prince Eugène avec la fille du nouveau roi de Bavière, et le déclare son successeur au trône, 'il meurt sans postérité.

4° Coalition. — Campagne de Prusse.

N° 13. — NAPOLÉON AU TOMBEAU DU GRAND FRÉDÉRIC.

Le 11 juillet 1806, la Confédération du Rhin est signée par quatorze princes souverains qui se mettent sous la protection de Napoléon. Le 5 août, l'empire d'Allemagne a cessé d'exister. Cependant une nouvelle coalition se forme entre l'Angleterre, la Prusse et la Russie. La guerre recommence. Le 24 septembre, l'Empereur quitte Paris et court en Prusse. Le 14 octobre, il détruit l'armée prussienne à Iéna ; le 27, il entre triomphalement à Berlin, où, par un décret, il déclare les côtes de l'Angleterre en état de blocus. Pendant que ses lieutenants achevaient la conquête de la Prusse, Napoléon était resté à Berlin, centre d'où il dirigeait tous leurs mouvements. A Postdam, il avait visité le tombeau du grand Frédéric et pris l'épée du héros du XVIII° siècle, la ceinture de général qu'il portait à la guerre de Sept ans, et son cordon de l'Aigle noir. « J'aime mieux ces trophées que vingt millions, dit l'Empereur ; je les enverrai aux Invalides. »

N° 14. — BATAILLE DE FRIEDLAND.

Quatre mois de négociations entamées après la bataille d'Eylau (18 février 1807), suite de la quatrième coalition, n'avaient pu amener la Russie à signer un traité de paix. Napoléon, las d'attendre, reprit les armes, le 4 juin, et dix jours après, le 14, jour anniversaire de la bataille de Marengo, le grand capitaine atteignit l'armée russe de Beningsen à Friedland. L'attaque commença à trois heures du matin, et, à onze heures du soir, l'ennemi fuyait de toutes parts, laissant 17,000 morts sur la place, 20,000 prisonniers et 70 pièces de canon. Kœnigsberg se rendit nous livrant ses richesses, et l'empereur Alexandre, épouvanté de si rapides succès, demanda à traiter. Le 25 juin, dix jours après la bataille de Friedland, les deux empereurs se rencontrèrent à Tilsitt, et, le 7 juillet, la paix fut signée entre la France et la Russie. Le 9, la Prusse se soumit aux conditions que dictait le vainqueur. — Jérôme, frère de Napoléon, devint roi de Westphalie.

Campagne d'Espagne.

N° 15. — SOUMISSION DE MADRID.

Le refus du prince de Portugal d'entrer dans la ligue du blocus continental contre l'Angleterre, fut le prétexte de la guerre de la Péninsule. Le 18 octobre 1807, un corps d'armée, commandé par Junot, entra en Espagne; d'autres le suivirent au commencement de 1808, et Napoléon ayant convoqué une junte nationale à Bayonne, après l'entrée du grand-duc de Berg à Madrid et la retraite du vieux roi Charles VI, Joseph, roi de Naples et frère de Napoléon fut proclamé roi d'Espagne, le 6 juin 1808. — Le 20 juillet, Joseph entre à Madrid; le 4 novembre, après avoir visité l'empereur Alexandre à Erfurth, Napoléon arrive en Espagne où l'appelaient les capitulations du général Dupont, à Baylen, et de Junot, à Cintra. Trois batailles, Espinosa, Tudela, Somo-Sierra, conduisent Napoléon sous les murs de Madrid, dont les rues avaient été dépavées et barricadées, dont on avait crénelé et matelassé toutes les maisons. Quelques coups de canon suffirent, et la ville qui semblait disposée à soutenir bravement toutes les horreurs d'un siège opiniâtre et désespéré, implora la clémence de l'Empereur, et lui ouvrit ses portes.

5ᵉ Coalition. — Campagne d'Autriche.

N° 16. — ENTRÉE DES FRANÇAIS À VIENNE.

Le mépris avec lequel l'Autriche avait été traitée dans les conférences d'Erfurth, et l'envahissement de l'Espagne devaient amener une cinquième coalition. — Le 10 avril 1809, l'armée autrichienne envahit la Bavière; Napoléon l'apprend le 12, part le 13, et le 17, après avoir vu en passant les rois de Wurtemberg et de Bavière, restés ses alliés, il arrive à son quartier-général, à Donawerth. Trois jours après son arrivée, Napoléon gagne la bataille d'Abensberg, et le surlendemain, 22 avril, il battait l'archiduc Charles à Eckmühl. Le 10 mai, chassant toujours devant lui l'armée autrichienne, il arrive sous les murs de Vienne. La population, animée par l'archiduc Maximilien, qui avait juré de s'ensevelir sous les ruines de la place, résolut de se défendre jusqu'à la dernière extrémité. Irrité d'une résistance à laquelle il ne s'attendait pas, Napoléon, la nuit même, fait bombarder la ville. Le 13, l'archiduc, qui vit bien qu'il lui était impossible de sauver la capitale de l'Autriche, se décida à abandonner Vienne précipitamment, et le même jour, l'Empereur Napoléon y fit son entrée solennelle à la tête de l'armée française.

N° 17. — BATAILLE DE WAGRAM.

La bataille d'Essling, qui dura trente heures, livrée le 21 mai, coûta la vie au maréchal Lannes, et fut le prélude de la bataille de Wagram, qui eut lieu le 6 juillet 1809. 600 pièces de canon ne cessèrent de vomir la mort, et 400,000 hommes se disputèrent la victoire. De part et d'autre, le courage fut égal. L'Empereur était lancé, au galop de son cheval, au milieu d'un déluge de boulets, lorsque tout à coup il s'arrête; son œil brille, et sa pensée s'éclaire d'une soudaine illumination. Il donne ordre à Macdonald d'attaquer le centre de l'armée autrichienne, et une batterie de 100 pièces de canon ouvre un feu meurtrier. La victoire est à nous. Ecrasé de front, débordé dans ses ailes, l'archiduc Charles reconnaît qu'il y aurait témérité à soutenir plus longtemps le combat. 40 canons, 10,000 prisonniers et 10 drapeaux restèrent au pouvoir des Français. Quelques combats partiels achevèrent de contraindre l'Empereur d'Autriche à conclure la paix, qui fut signée à Schœnbrünn, le 14 octobre.

N° 18. — MARIAGE DE NAPOLÉON

ET DE MARIE-LOUISE.

L'année 1810 fut l'époque la plus magnifique du règne de Napoléon. Les frontières de l'Empire français s'étendaient d'un côté jusqu'aux bouches de l'Elbe, et de l'autre jusqu'aux bords du Tibre. Trois des frères de Napoléon régnaient en Espagne, à Naples et en Westphalie. Ce temps de prospérités inouïes fut marqué par le divorce avec Joséphine et par le mariage de l'Empereur avec l'archiduchesse Marie-Louise, fille de l'empereur d'Autriche. Le 13 mars 1810, la princesse partit pour la France. Elle trouva, entre Branau et Altheim, la reine de Naples qui avait été envoyée par l'Empereur pour la recevoir des mains de sa famille. Dès lors, elle prit le titre d'impératrice des Français. L'Empereur et l'Impératrice firent leur entrée solennelle à Paris, au milieu d'un concours immense de peuple. Le grand-aumônier de France, le cardinal Fesch, leur donna la bénédiction nuptiale. Cette cérémonie se fit avec une grande magnificence, au milieu d'une foule brillante et joyeuse. L'ivresse était générale : on aimait l'Empereur, et chacun était heureux et content de son bonheur.

N° 19. — CAMPAGNE DE RUSSIE

ET CAMPAGNE DE 1813.

6ᵉ Coalition.

20 mars 1811, naissance du roi de Rome. — La rupture de la paix ramena, le 23 juin 1812, l'Empereur sur les bords du Niémen, où une armée forte de 500,000 hommes et de 1,200 bouches à feu le suivait. L'armée française entra à Moscou le 11 septembre, chassant devant elle Bagration, Kutusoff et Barclay de Tolly ; elle avait livré dix combats meurtriers, et, à la bataille de la Moskowa seulement, 180,000 hommes des deux partis avaient été tués ou blessés. Grâce à la résolution désespérée de Rostopchin, Moscou ne fut plus qu'un vaste brasier, qu'un amas de cendres et de ruines, et, le 19 octobre, l'armée dut commencer son mouvement de retraite. Le froid, la faim, la fatigue

abattaient nos soldats sur les routes. A demi-nus, sans chaussures et sans pain, ils se traînaient péniblement et pêle-mêle dans la neige. Kutusoff, à la tête de 100,000 hommes , poursuivait les Français, l'épée dans les reins ; mais le courage de nos soldats ne faillit pas. Le prince Eugène, Davoust et Ney se firent jour à travers des nuées de Cosaques, et l'armée russe prit la fuite devant une poignée de Français mourant de froid et de faim. Le passage de la Bérésina consomma l'œuvre de destruction de la grande armée. Le 18 décembre, Napoléon rentrait à Paris, et, le 31, l'armée française, à peu près détruite, ralliait ses débris derrière la Vistule.

La campagne de 1813 allait s'ouvrir. Une nouvelle coalition s'était formée contre la France ; la Prusse y adhéra, et, le 15 avril, l'Empereur quitta de nouveau Paris. Tous les jours de cette terrible campagne furent marqués par des combats ou des batailles ; elle dura du 15 avril au 4 juin où fut signé l'armistice de Plesswitz.

Le 28 juillet, finit le congrès de Prague, qui s'était ouvert le 12, et, le 10 août, l'armistice fut rompu. La seconde campagne commença, et, jusqu'au 31 décembre qui vit le passage du Rhin, à Coblentz, par les Prussiens, l'armée française soutint, dans dix batailles et trente combats, une lutte héroïque que le courage de nos soldats et le génie de leur capitaine pouvaient seuls prolonger.

Cette vaillante armée reculait pas à pas, couvrant de morts les plaines de Dresde, de Lutzen, de Bautzen, de Leipzick, de Hanau.

Campagne de France.

N° 20. — NAPOLÉON A MONTEREAU.

La campagne de France s'ouvrit, le 2 janvier 1814 , par la prise du fort Louis par les Russes ; elle se termina aux portes de Paris, le 31 mars. L'Europe avait mis sur pied 1,200,000 hommes , dont 600,000 passèrent le Rhin. Napoléon déploya toutes les ressources que peuvent enfanter l'audace, la présence d'esprit, la vigilance, la fermeté, le génie. Il battit l'ennemi partout où il le rencontra, à Saint-

Dizier, à Brienne, à Champ-Aubert, à Montmirail, à Montereau, où le combat fut des plus sanglants, et où la victoire ne fut décidée que par l'arrivée de l'Empereur qui s'exposa aux plus grands dangers, et qui pointait lui-même les pièces d'une batterie qui décimait les rangs ennemis. Comme les officiers et les soldats l'engageaient à se retirer, car les boulets pleuvaient autour de lui : « Soyez tranquilles, mes amis, leur répondit l'Empereur, le boulet qui me tuera n'est pas encore fondu. »

N° 21. — ADIEUX DE FONTAINEBLEAU.

Après la victoire de Montereau, Napoléon gagna encore les batailles de Bar-sur-Aube, de Craonne, de Laon, d'Arcis-sur-Aube, de Fère-Champenoise. Mais les alliés envahissaient le Midi, Bordeaux avait reçu le duc d'Angoulême, et le 31 mars 1814, Paris fut livré aux armées des coalisés. A la nouvelle de la reddition de Paris, Napoléon se replia, avec les débris de son armée, à Fontainebleau, où il abdiqua le 4 avril. Quelques jours après, il signa le traité qui réglait son sort et celui de sa famille. On le séparait pour toujours de sa femme et de son fils, et on lui donnait la souveraineté de l'île d'Elbe, avec permission d'emmener 400 hommes de sa garde. — Le jour du départ pour l'île d'Elbe arriva, c'était le 20 avril. Napoléon fit ses adieux à ses soldats d'une voix très émue : « Adieu, mes enfants, leur dit-il en terminant, « je voudrais vous presser tous sur mon cœur ; que j'embrasse au « moins votre général ! » A ces mots, le général Petit saisissant l'aigle, s'avança ; Napoléon reçut le général dans ses bras et baisa le drapeau.

N° 22. — RETOUR DE L'ÎLE D'ELBE.

Les regards de Napoléon se tournaient sans cesse vers la France. Il savait que la Restauration n'avait pas rapproché, réconcilié tous les esprits, et que l'armée regrettait les jours de gloire. Il crut que la Providence l'appelait de nouveau à relever la France. Les préparatifs de départ furent bientôt faits. Deux légers bricks reçurent toute son armée. Cette frêle escadre échappa aux croisières qui observaient l'île d'Elbe, et débarqua au Golfe Juan, le 1er mars 1815. De Cannes à Paris, ce fut une marche triomphale. Les soldats envoyés pour le combattre le saluaient de leurs acclamations et se rangeaient sous ses ordres. L'Empereur arriva à Paris le 20 mars au soir, et prit aussitôt possession du château des Tuileries que, la nuit précédente, Louis XVIII avait abandonné pour se retirer à Gand.

Campagne de 1815. — 7ᵉ Coalition.

Nº 23. — BATAILLE DE WATERLOO.

Contre les espérances de Napoléon, une nouvelle coalition se forme contre lui. Les destins de l'Empire devaient s'accomplir dans les plaines de Waterloo. Le 18 juin 1815, au lever du soleil, les deux armées étaient en présence. Vers midi, le combat était engagé sur toute la ligne avec une ardeur sans exemple. Chaque position est vivement disputée, prise et reprise plusieurs fois. Malgré sa résistance désespérée, l'infanterie anglaise, écrasée par notre artillerie, nous abandonne en frémissant le plateau de Mont-Saint-Jean, et déjà nos soldats poussent le cri de victoire... Mais 30,000 Prussiens arrivent au pas de course au secours de leurs alliés, les ramènent au combat, et les Français sont à leur tour rejetés des hauteurs dont ils venaient de s'emparer. La déroute de l'armée française fut complète. — Les fautes commises par les lieutenants de l'Empereur, la trahison, l'arrivée de Blücher décidèrent du sort de la victoire.

Nº 24. — MORT DE NAPOLÉON.

Après le désastre de Waterloo, Napoléon abdiqua, le 22 juin 1815, en faveur de son fils. Confiant dans la générosité du gouvernement anglais, il s'embarqua à bord du *Bellérophon* qui le transporta à l'île Sainte-Hélène où il aborda, le 17 octobre 1815, et où, au mépris du droit des gens et de la parole donnée, il demeura en captivité pendant six années.

Le 15 mai 1821, il expira en jetant un dernier regard sur le buste de son fils, et en prononçant ces mots d'une voix affaiblie, mais ferme : « Tête d'armée, mon fils, France! » — Ces trois mots résument toutes ses actions, toute sa vie, toutes ses pensées : la passion de la gloire, la sollicitude paternelle, l'amour de son pays.

Paris. — Imprimerie de Appert fils et Vavasseur, 54, passage du Caire.